AF275770

30.000

NMK

Patricia Almarcegui

Treinta mil dromedarios

H&O

Primera edición: febrero de 2026

© Del texto: Patricia Almarcegui, 2026
© De esta edición: H&O Editorial, 2026

Imagen de la cubierta: Foto Ediciones Bohigas
Diseño: Silvio García-Aguirre López-Gay
Maquetación: Fotocomposición gama, sl
Corrección: Samara Ibarra Bernal
Impresión: Arcángel Maggio

ISBN: 979-13-87914-08-0
Depósito legal: B 2009-2026

Todos los derechos reservados. Se prohíbe la reproducción total o parcial de esta obra por cualquier medio o procedimiento, y el alquiler o préstamo público sin la autorización por escrito de los titulares del *copyright*, salvo las excepciones previstas por la ley.

No se permite el uso de este libro para el entrenamiento de ningún tipo de IA.

A Fina y Mercè

Si hay que vitorear a los animales salvajes porque existen, el mayor hurra sería para el momento en que los veo, pues ostentan su dignidad y prefieren no tener trato conmigo.

ANNIE DILLARD, *Pilgrim at Tinker Creek*

I

Al animal lo recuerda todo el mundo

El dromedario está de perfil y ocupa la mitad de la postal. Solo un niño se fija en la escena. El animal tiene un callo grueso y firme en la parte superior del muslo trasero. Es gris, casi negro, como la sombra que proyecta en la arena, como algunos bañadores, como el pantalón del hombre que sonríe y lo agarra por la cadena del arnés.

El mar parece en calma. Hay viento del oeste y forma olas desordenadas. El azul se vuelve gris cuando rompen en la orilla. Al fondo, como una extensión del cuello del dromedario, están las montañas. Probablemente urbanizadas, no se ven bien, pero sí la forma de los contornos: dos jorobas de un camello bactriano que se estuviera recuperando de la tiña. El cielo está despejado y el viento del oeste, que empieza a soplar más fuerte, no llegará a cubrirlo de nubes. Sin embargo, todo podría ser más azul. La arena está sucia. ¡Pero ese color dorado! Como el pelaje del dromedario, la misma luz: la del sol sobre la arena tibia de la playa. Y el animal siempre en medio de la imagen.

De los dieciséis bañistas, solo un niño está vestido. Se apoya con un brazo en la arena. Ha tenido que erguir el cuerpo para ver mejor, sujetarse por el asombro de lo que ve tan cerca y ha notado en el correr de la arena dorada que se precipita hacia su brazo. Las plantas de los pies del dromedario que apenas se hunden en la arena. Un bañista se encuadra entre la boca del dromedario y el perfil del hombre. El flotador blanco que lleva el bañista está justo delante de la nariz del hombre, como si fuera a insertársela justo en medio y lo siguiera hasta el mar. Pero el animal no se mueve, tan cerca el bañista de la boca que parece que lo hubiera rumiado, regurgitado y lo devolviera al mar.

El cuello del dromedario parece una cobra a punto de atacar. Sale de los hombros, desciende, se curva, asciende y termina en la cabeza. Desde allí el salto al vacío de la mirada del observador. Todos deseando el mar.

Las patas son altas, delgadas, entreabiertas y sostienen el peso de setecientos kilos. Por fin, arriba en la cresta, está la joroba. Treinta centímetros por encima del alzado del tronco. Debería ocupar el centro de la imagen y flotar en el cielo azul, pero sin embargo no se ve. La tapan tres turistas. Están sentadas encima. Dos a los lados de la joroba, en dos asientos cubiertos por una manta roja. La joroba las sostiene y reparte su peso en el punto más alto del lomo, donde está la tercera.

La turista de delante es morena y mira a la cámara. Lleva un biquini de rayas rojas y estira las puntas de los pies con una tensión casi nerviosa. El perfil de su cuerpo al sol inunda la imagen. Las piernas desnudas y doradas cuelgan en el aire. Si el dromedario no estuviera allí solo para la foto y siguiera caminando por la arena de otras playas, Dahab, Agadir o Boujdour, las extremidades de la turista se balancearían en el aire al ritmo del animal.

La turista del centro lleva un sombrero cónico de lunares que toca el cielo y tapa las nubes. Sonríe, no sabe aún cómo se ha dejado convencer para estar en el punto más alto del dromedario y de la postal. Presiona el muslo izquierdo contra el calor de la joroba y tiene el derecho tan invertido que parece ya lomo y piel.

La del fondo tiene el pelo rubio. El mismo amarillo pajizo que el sombrero mexicano que le han puesto al dromedario. Un reclamo intercambiable, a veces lo lleva el animal, a veces los turistas, y que se ve desde lejos, la carretera o el mar. La joroba tapa prácticamente a la turista y solo se le ven los brazos. Mira hacia abajo. No se atreve a levantar los ojos desde los 1'85 metros de altura, imbuida aún por el movimiento extremo que ha hecho el dromedario para ponerse de pie. Y dieciséis hombres, mujeres, niños tumbados, nadando, hablando en el mar del fondo de la postal.

Pero a pesar de todo, el dromedario no se mueve. La oreja es pequeña; el ojo es grande; el párpado está entreabierto y la fosa nasal no se ve bien. La tapa el bozal y el arnés. Los labios y los treinta y cuatro dientes tampoco se ven bien. Los tapa el bozal y el arnés. La cabeza mira hacia el mar. Una mujer diría que mira hacia oriente.

En 1954 un joven llegaba a las islas Baleares desde Cataluña para cumplir con el servicio militar. Tenía veinte años e iba acompañado por su familia. Dos años después, inauguró la primera de las veintiuna tiendas fotográficas que con el tiempo conformarían su empresa, avión y helicóptero incluidos. Su llegada coincidió con el impulso del turismo, iniciado en los años treinta del pasado siglo y con una expansión notable entre principios de los cincuenta y finales de los sesenta. Este crecimiento estuvo respaldado por la bonanza económica europea, que transformó el modelo turístico elitista y dio paso al democrático universal: el llamado turismo masivo hasta hace muy poco, hoy *turistificación* y *extractivismo*.

El joven que llegó para cumplir con el servicio militar era el fotógrafo Josep Planas i Muntanyà. Confiando en la capitalización económica del turismo que buscaba nuevos lugares para el ocio y las vacaciones, fruto del derecho a la felicidad defendido tras la Segunda Guerra Mundial, puso su empresa fotográfica, Casa Planas, para fomentar su desarrollo. De tal forma que, mientras impulsaba su negocio, contribuía a la creación de un modelo.

Durante casi cincuenta años, Planas se encargó de registrar uno de los mayores crecimientos urbanísticos, industriales y hoteleros de Europa. Fotografió las transformaciones y evoluciones arquitectónicas de la capital balear y de otros núcleos urbanos, la expansión de las poblaciones costeras y el aumento de las colonias turísticas.

En total fueron tres millones de imágenes que recogieron la memoria visual y colectiva de la segunda mitad del siglo XX. Postales, murales, películas, folletos publicitarios, guías de viaje, calendarios, agendas, etc. Objetos que compraron los turistas nacionales e internacionales y que exportaron y difundieron la imagen de las islas, del mediterráneo y de Europa. Se fotografió y documentó la transformación de unos espacios vacíos que comenzaban a cambiar y que debían *ser ocupados*. Se activaron los deseos de los turistas a través de las imágenes y los imaginarios que querían venderse dentro y fuera del país. Se sentaron las bases de la turistificación y se controló su discurso.

Las postales fueron el objeto más importante para construir dicho imaginario. Estas son objetos cargados de deseos. Espacios ideales para crear metáforas y generar fantasías que escapaban más fácilmente a la censura por su finalidad turística y comercial y por su gran volumen de circulación. Las primeras postales de Casa Planas se realizaron en 1951 con fotografías tomadas por el propio Planas o por operarios contratados por la empresa. En los años posteriores esta adquirió la imprenta que las editaba y se hizo cargo de todo el proceso de producción. El editor tenía la responsabilidad máxima. Elegía los objetos para fotografiar, componía las imágenes y ejercía de diseñador.

La demanda turística de las postales fue muy grande. Los hoteles encargaban sus materiales promocionales y no hubo turista que no mandara por correo o se llevara como recuerdo una imagen de sus vacaciones. Los expositores giratorios de los hoteles estaban al alcance de la mano, al lado del mueble de recepción, y mostraban imágenes nuevas e insospechadas. Fotografías que hoy no llamarían la atención y muy pocos se llevarían a casa: porque los recuerdos se vinculan a otros lugares e imaginarios. Pero entonces mostraban el silencio de un comedor vacío, pulcro y ordenado. Las colchas de colores intensos y excitados de los dormitorios. Los muebles de maderas oscuras con decoraciones churriguerescas. Las visiones panorámicas de unas arquitecturas y alojamientos novedosos con nombres exóticos que daban cuenta del proceso de transformación de un territorio.

A Planas y sus operadores se les consideró fotógrafos realistas, «amables» y «renovadores de la visión documental». Sus imágenes fueron evolucionando en función de la postal turística. En principio, no parecían enfatizar demasiado ni directamente sobre ciertos elementos del entorno. Pero sí buscaban elaborar, encuadrar, controlar la luz, los escorzos, las composiciones. Esto es: construir las imágenes. Y sobre todo, reencuadrarlas y fotomontarlas. Procedimientos de trabajo que se anotan en las fotografías. Una mujer que entra en el mar con un bañador azul que debería cambiarse por uno rojo. «Poner rojo en algunos puntos de la playa y en el traje del baño de la Sra.». Un tono de mar que debería ser más intenso, «Este azul, ¿si pudiéramos darle algo más de tonalidad?», o unos edificios recién construidos tomados a vista de pájaro con el helicóptero, desolados, aislados, ajenos al entorno, cuyos contornos deben colorearse para parecer aún más imponentes (los primeros hoteles de la playa del Arenal tenían la misma capacidad que los vuelos chárter que venían del extranjero con turistas: todo exacto, todo medido). Asimismo, formas para transformar o suprimir el espacio que se cree secundario o irrelevante y dar mayor protagonismo a los hoteles.

Las zonas de color marrón que quedan entre los edificios, ver que pudieran ser verdosos, pero tenues para no destacar demasiado. Limpiar los edificios en las partes que puedan resaltar algunos blancos y dar algún *toque* de rojo.

Las postales difunden clichés y estereotipos. Sus fotografías documentan una época, al mismo tiempo que la venden. Tienen un uso turístico y se difunden seriadas, masificadas, al igual que ocurre con los protagonistas de la turistificación. Las fotografías se controlan y se revisan para generar unos determinados deseos y satisfacerlos después. Se muestra lo que se quiere vender y se ha creado para ello. Se fotografía lo que se quiere complacer. Se construye un imaginario que se proyecta y difunde hacia Europa para ser capitalizado. La isla de economía agraria y población envejecida que alcanza a ver Planas a su llegada es el resultado del desarrollo económico del régimen franquista. Así, se hace necesario ir al Mediterráneo para que los anhelos visuales construidos previamente se hagan realidad.

Es el deseo de ficción.

Es la necesidad de ficción.

Los temas de estudio de las postales de Planas son infinitos, pero hay uno que destaca por su largo recorrido y porque muestra el itinerario y la evolución de un cliché. Se trata de la representación de las payesas o las jóvenes vestidas con traje de payesa, a veces también parejas de hombre y mujer. Aparecen en diferentes poses en las playas, en los monumentos, en los hoteles. Remiten a lo que se supone que es una imagen más tradicional y costumbrista en principio; pero también la generan. El traje de payesa o campesina rica es un *conjunto urbano* que mezcla tendencias de modas anteriores, por ejemplo, el romanticismo y modernismo, según el Museo del Traje y Centro de Investigación del Patrimonio Etnológico. Un traje que el turista no vería en la vida cotidiana.

La mujer vestida de payesa forma parte de las imágenes que reproducen un discurso más oficialista y tradicional. Buscan la construcción artificial de una identidad y unos paisajes característicos de las islas. Lo que el escritor Blai Bonet describe como el carácter de los isleños, «antiguo como la primavera», en los textos que escribe para la guía de viajes, *Mallorca* (1960) con fotografías de Planas. O lo que el mismo Planas escribe en esta carta sin fecha:

Entraríamos en el calendario, como si dijéramos en Mallorca, por una portada de color, donde la composición podría basarse en un primer plano de los molinos del Jonquet, con un fondo borroso de la catedral. Es simplemente una sugerencia, con la que solo queremos insinuar la síntesis de lo rústico y monumental, que son la esencia de lo mallorquín.

Las postales de payesas se inician al principio de los años cincuenta. Suelen situarse en primer plano, como si sus miradas invitaran a encuadrar la vista, a que el observador viera lo mismo que ellas, y condujeran con sus sonrisas, gestos y poses hacia el monumento o la vista del fondo. En la parte posterior de las postales se describen, como «payesas». Años después, como «parejas típicas». Hasta citarse a finales de la década como «bellezas mallorquinas». Término que recuerda al nombre de las mujeres japonesas en los grabados del *ukiyo-e,* llamadas también *beauty, bijin-ga* en japonés (imagen de una mujer hermosa). Una normalización de la aparición de las payesas en las imágenes. Todas bellas, todas vestidas con el traje tradicional, todas isleñas, todas mediterráneas, todas exotizadas. Los motivos florales del traje de payesa son japonistas, según el Museo del Traje, y japonesas fueron también las colecciones de Planas con fotografías de mujeres coloreadas de comienzos del siglo XX de Japón. Mujeres que se lavan, que se maquillan, de pie, sentadas, que posan con sus hijos delante de biombos y puertas correderas de papel.

Sin embargo, al final de la década, las payesas posan con otros gestos. Parecen más pasivas, relajadas, ensimismadas, sin realizar actividad alguna. Sus miradas son insinuadoras, casi inquietantes y posan entre flores de almendro y palas de chumberas llenas de espinas (como una advertencia, una alusión al daño que podrían hacer, como si *pincharan*). La época coincide con la aparición de mujeres en bikini en las postales, situadas, al igual que las payesas, en primer plano, con objeto de nuevo de encuadrar la vista del fondo y de hacerla más atractiva y fascinante. Y entre ellas destaca una foto. El actor Errol Flynn (quien residió en Palma en 1956) posa abrazando por la cintura a dos mujeres vestidas con el traje de payesa. Estas llevan las cabezas veladas con un rebocillo de encaje y entrelazan sus manos delante del miembro viril del actor. ¿O quizá lo señalan?

En la misma época, en los años sesenta, el ganadero y hombre de negocios de la isla, Mateu Verd Cantallops, viaja a Marruecos y aprovecha para comprar tres dromedarios. El emprendedor imagina que puede hacer negocios con los animales en el contexto del desarrollismo del turismo. Y acierta. El proyecto, escribe la prensa, coincide con el estreno de la película *Lawrence de Arabia* en 1962, que además le habría fascinado. Uno de estos dromedarios llega a formar parte de la representación de la ópera *Aida*, de Giuseppe Verdi, estrenada en el Teatro Lírico de Palma hacia 1968. El dromedario sale a escena entre las fanfarrias y el coro de la gran marcha triunfal de la ópera que celebra la victoria de los egipcios frente a los etíopes. Al profesor de Literatura comparada de la Universidad de Columbia (Nueva York), Edward W. Said, le habría gustado conocer la noticia. Quizá la habría citado o incluso descrito largamente al repasar las puestas en escena de la ópera *Aida* de Giuseppe Verdi a las que dedica un capítulo en su libro *Cultura e imperialismo*. *Aida* representa para él la imagen de un Egipto orientalizado («una civilización que nunca he sido capaz de admirar», expresó Verdi sobre la cultura egipcia), un espectáculo imperialista diseñado para impresionar a la audiencia europea.

Estos dromedarios forman parte de un imaginario colectivo y se recuerdan con cariño e ilusión. En las entrevistas que he hecho en Sant Jordi, de donde era Mateu, en los audios que me han enviado, las veces que he mostrado las diversas postales que hicieron de los dromedarios, queda un recuerdo nostálgico y feliz. Muchos de los entrevistados eran niños en la época. Cuentan que los animales vivían apenas a diez kilómetros de la capital balear. Cuando se pasaba en coche a las afueras de Sant Jordi, muy cerca de la carretera, aminoraban la marcha. Algunos iban expresamente. Una señal en la pared seca avisaba de que llegaban y paraban para verlos. Uno de los tres dromedarios fue guiado probablemente por Mateu y paseaba por la playa de Palma con turistas encima. Varios fotógrafos de empresas de Palma y Barcelona lo hicieron objeto de su trabajo. La imagen compartida de unos habitantes y una época que muchos recuerdan.

Las fotografías tomadas para las postales de Casa Planas se encuentran documentadas en fichas en el archivo de la empresa. Unas aparecen con el negativo y otras con el positivo. Las fichas de los negativos presentan una fotografía en blanco y negro en la esquina superior izquierda y recogen la fecha de realización, el nombre del solicitante, el operador encargado de la toma y la fecha de devolución. Por su parte, las fichas de los positivos incluyen información sobre las observaciones, el tiraje y las ventas anuales.

La postal número 957 tiene un dromedario con dos turistas encima y fue tomada el 10 de mayo de 1968 por el operador y fotógrafo Palau. En el apartado destinado al lugar y al título se registra «INC-957», con fecha de devolución del 18 de diciembre del mismo año. En la ficha a color se especifica el tiraje: «259-260 y 374- 475-Nulo». La columna de la derecha recoge las ventas anuales correspondientes al periodo de 1968 a 1971. Entre ambas fotografías no hay diferencias significativas, a excepción del color. No parece haber evidencia de reencuadres ni de fotomontajes posteriores. Sin embargo, se pueden aventurar los cambios que se hicieron tras tomar las fotografías.

Probablemente, un amarillo cromo en el pelo corto de la turista, un azul índigo para el fondo del mar y un rojo carmesí en la manta que cubre los dos asientos de silla donde están sentadas las dos turistas a ambos lados de la joroba del dromedario. Además de pequeñas *motas* de negro a modo de bañador sobre los cuerpos de los veintiún hombres y mujeres de la playa del Arenal, donde Mateu hacía negocios, capitalizaba a los dromedarios y ayudaba a erigir y desarrollar la imagen exótica del Mediterráneo.

De la imagen 957 se vendieron 30 311 copias en cuatro años. 13 269 copias en 1968. 8559 copias en 1969. 5229 en 1970 y 3254 en 1971. En total 30 311 postales difundidas por Europa a lo largo de cuatro años de dos turistas encima de un dromedario. Imágenes creadas para generar necesidades y controlar también los deseos.

Para desear el sur de esta manera, ayer y hoy, ha sido necesario invertir en ficción.

II

No habían visto nunca
un dromedario

El dromedario entró en la plaza del pueblo. Iba tirado por un joven, otro caminaba a su izquierda. Ellos iban cansados, el animal resoplaba. Habían intentado colgarle varias veces el cartel en el culo, pero era imposible. Lo habían guardado en las alforjas y sobresalía una esquina. «Creo que le pincha cuando se lo pongo», dijo uno. Ya no tenía el pelaje tupido ni el color del cuerpo era irregular, el tono, las intensidades eran iguales en todo el cuerpo. Castaño, moreno y canela. Tenía calvas y la más redonda estaba en la pata trasera izquierda. Un círculo blanco, perfecto, a la izquierda del ano. Ellos decían que tenía ochenta años, pero un dromedario no suele vivir más de cincuenta.

No se oía nada aquella mañana de invierno. Los jóvenes iban pensando en el pan, la sobrasada que comerían. Hacía días que seguían el mismo paso del dromedario sin darse cuenta. Adelantaban la pierna derecha a la vez que el brazo derecho, la pierna izquierda a la vez que el brazo izquierdo. Un movimiento que nunca se les habría ocurrido que harían antes de salir de la capital y que ahora resonaba entre los adoquines. La calle se contoneaba lateralmente de derecha a izquierda; de derecha a izquierda. Los tres iban al mismo ritmo.

De pronto un niño se escapó por una puerta oscura y se puso delante del dromedario. Miró sus ojos grandes y la línea rizada de pestañas que frenaba la tramontana, la arena de la playa y el polvo del camino, y se puso a gritar. Quién sabe si de emoción o de terror. El dromedario rugió y el niño volvió a la oscuridad.

Entraron en la plaza cuadrada. No había un alma y la iglesia estaba cerrada. «No hay nadie. ¿No les han avisado de que veníamos?», dijo el más joven. ¡Qué hambre tenían! El dromedario levantó las orejas y luego giró el hocico hacia la iglesia. Los dos jóvenes hicieron lo mismo y fijaron los ojos en la puerta. Se abrió desde dentro y de la oscuridad salió una banda de música tocando zambomba y guitarras. Era una comitiva pequeña. El alcalde iba detrás con el cura y dos guardias civiles. En la plaza se unieron los niños, los padres, los ancianos y dos cabezudos. Un cabezudo iba recién pintado y el pañuelo de la coronilla desprendía un olor entre negro y alquitrán. Llevaban tiempo escondidos en las callejuelas de detrás de la iglesia. «¡El dromedario ya está aquí!», gritaron. Entonces los dos jóvenes olieron el fuego, la sobrasada tostada, así, como se churruscan los cerdos, la piel y los pelos al fuego, y sonrieron. El alcalde dijo unas palabras de bienvenida: los habían escuchado en la radio, los habían visto en la televisión, los esperaban y era una fiesta tenerlos en el pueblo. Ataron al dromedario a un poste y se fueron bailando entre sombras hacia la hoguera y la comida.

Atardecía tibio cuando fueron a desatarlo. No se fijaron en el guardia municipal que rondaba por allí. Se acercaron al poste. «¿No han visto la señal de prohibido?», preguntó, y ellos le dieron las buenas tardes cambiando de tema. «El dromedario no puede estar aquí», siguió y buscó en el pantalón. Un papel, un bolígrafo. «Tendré que ponerles una multa», dijo. El más joven se echó a reír; iba a contestarle, pero su amigo se adelantó. «Ya nos lo llevamos, han preparado un granero y alfalfa para que pase la noche».

El grupo que iba con ellos murmuró, las chicas cuchichearon, los viejos y las viejas negaron con la cabeza. Como si fuera un circo, habían dicho al verlos en el otro pueblo. El dromedario no se levantaba. Respiró fuerte, tenía el lomo untado en su propia mierda y el grupo se abrió disgustado a su paso. Había refrescado de pronto y las farolas desprendían una aureola blanca. El dromedario caminaba muy despacio, con un joven a cada lado, de camino al granero. Entonces alguien abrió un balcón, gritó desde las alturas y se escondió de nuevo: «Una giba, parece que les ha salido una giba».

Es invierno en el mediterráneo y la vida diaria tiene poco que ver con el verano. Dicen que es por el clima. Vientos inclementes, humedades extremas, construcciones durante mucho tiempo sin aislar. Nadie dijo nunca que el invierno fuera apacible en el mediterráneo, pero por las razones que sean se sigue vinculando con el paraíso y, por extensión, con el ocio. ¿Quién puede decir algo contra el ocio? En el mediterráneo y sus islas siempre parece que es primavera. Una de las razones por las que en el invierno se vive de forma diferente al verano es la población. En verano se cuatriplica. Las casas rebosan, las familias se amplían hasta tres y cuatro generaciones, las calles y playas se llenan de «aquí sí que hay ambiente» y los habitantes locales, hoy subalternos, están obligados a vivir en un contraste extremo.

La diferencia entre el invierno y el verano.

En verano de 1963 el turismo se encuentra en pleno desarrollo. La *plétora de vida* que significa para el levante español coincide con el viaje de tres dromedarios desde Marruecos o, mejor dicho, es consecuencia de esta plenitud. Apenas cuatro meses más tarde, dos jóvenes se enfrentan al invierno y al aburrimiento en una isla del mediterráneo. Su sueño es *darse a conocer*. Miguel Vidal es el más joven, tiene veinte años y ha coincidido con el pintor Gustavo Peñalver, de veintitrés, en los restaurantes y bares de Palma. Son, en palabras de Miguel, dos *picadors*, dos jóvenes *seductores* que persiguen en verano a las *suecas*. Cuerpos extranjeros, los de ellas, que se convierten en objetos míticos del deseo, el erotismo y la fascinación sexual. Pieles blancas, alturas infrecuentes, figuras que representan la modernidad y opuestas al modelo de familia tradicional.

A Gustavo y Miguel se les ocurre de pronto. Entre el licor de palo y la comida, en uno de sus encuentros entre las callejuelas del casco histórico de la ciudad, la noche anticipada del invierno y sobre todo la desolación de la estación navideña. Conocen bien la fascinación y la extrañeza que generan los dromedarios.

«¿Por qué no damos la vuelta a la isla con un dromedario?»

Campet les presta uno de sus tres dromedarios. Ya tiene nombre: se llama Mohamed y Andreu Picot, dueño del bar Gran Chic, se ofrece para hacerse cargo de los gastos del periplo por la isla. Los costes son escasos, prácticamente la comida de Gustavo,

Miguel y el animal. El 16 de enero de 1964 salen de Palma entre una multitud de curiosos y amigos. El *Diario de Mallorca* da cuenta de ello. Miguel trabaja en el periódico y apalabra que enviará una crónica cada dos o tres días. El objetivo es escribir un libro con sus textos y las ilustraciones de Gustavo, quien irá dibujando las plazas mayores de los pueblos. Una vuelta en dromedario alrededor de la isla que dura veinticinco días y recorre alrededor de cuatrocientos kilómetros. Así lo narran los dos protagonistas casi cincuenta años más tarde en *Mohammed. Una vuelta a Mallorca en dromedario* (2013), un cortometraje documental dirigido por Toni Bestard que clausura una trilogía sobre la Mallorca de los años sesenta en el inicio de la turistificación.

A Miguel y Gustavo les gusta recordar que los mallorquines no habían visto nunca un dromedario. Cuando llegan a los pueblos, los habitantes los rodean. Los cronistas y poetas escriben sobre ellos; les piden que impartan charlas sobre sus impresiones de ir con el animal y los niños les dedican canciones. Al llegar a Deia, conocen al escritor Robert Graves. Vive en la población desde hace veinte años, ha leído en la prensa la aventura y se suma al vino de bienvenida que les ofrece el ayuntamiento.

Sin embargo, la marcha no resulta fácil. Es invierno. El dromedario lleva dos sillas encima, pero Gustavo y Miguel no montan en ellas porque «es viejo». Caminan a su lado y no recorren más de cuatro kilómetros a la hora. No van bien preparados para el frío ni para caminar. Tampoco han podido colgarle el cartel con la publicidad del bar Gran Chic que les habían pedido, se han quedado sin recursos y dependen de la generosidad en los pueblos para comer y alojarse. Son, como escribe Miguel Ramis Alonso, «dos jóvenes en un dromedario viejo que pasan hambre, frío y sueño. Porque quieren».

Pero a ellos les da fuerza «saber que en los pueblos les puede interesar ver al animal». Son objeto de las miradas, del asombro y de los deseos porque van con un dromedario. Y tanto entonces como hoy, ir al lado del animal significa que se han exotizado.

Voluntariamente.

Por un animal que ha sido traído desde Marruecos para ser explotado y maltratado, discriminado, con objeto de obtener ventajas y beneficios debido a su condición de animal. Por un empresario que desea capitalizar y rentabilizar un turismo que se encuentra en pleno desarrollo.

La vuelta en dromedario se publicita y se difunde en la prensa. La población sabe que la aventura ha comenzado y que hay posibilidad de encontrarse con él en los pueblos y aldeas. Algunos incluso lo esperan. La ruta genera expectación, como causa de la aventura y lo extraño que significa y también porque se anuncia como un espectáculo desde el comienzo. La marcha de los tres se erige como un telón de fondo, un escenario, un contexto determinado que forma impresiones y juicios. La construcción de una imagen diferente.

Esta voluntad se traslada más allá de las playas y la urbanización de las costas, los objetos centrales del desarrollismo, y se introduce en el interior de la isla. Un interior que no aparece reproducido en las postales entre los años cincuenta a los setenta, posiblemente porque aún no es uno de los objetos principales del interés turístico. Quizá, quién sabe, porque se identifica con el sur, quizá, quién sabe, porque se identifica con Oriente.

El dromedario causa expectación porque también representa Oriente y, con el itinerario de Miguel y Gustavo, Oriente llega a las zonas rurales. «El dromedario, oh, oh, oh», cantan los niños cuando lo ven. La imagen de África se exporta al interior, el exotismo llega a los pueblos. Un muchacho se acerca al animal en Santanyí, le ha tocado hacer el servicio militar en África. En 1964 ir a África significa ir a Ceuta, Melilla, al Sahara español y Sidi Ifni, una sentencia prácticamente fatídica. Marruecos es el peor destino y el más brutal, pues significa (en palabras de la asociación catalana de veteranos de Sidi Ifni) sufrir la miseria, las penurias y las vejaciones por parte de los mandos. «¿Puedo montar y acostumbrarme? Tengo que hacer el servicio militar en

África», dice el muchacho. Corre la voz, se lee en los periódicos, se les fotografía, se les espera de un pueblo a otro.

Uno de los tres dromedarios que compró Campet en Marruecos, que vivía en un establo a las afueras de la capital, que paseaba en las playas del Arenal con turistas, se desplaza ahora al interior. Al dromedario todos lo recuerdan, no hay quien se olvide de él. Gustavo y Miguel son también Oriente, mejor dicho, han sido orientalizados. La turistificación queda justificada, podría decirse, y el interior se convierte muy pronto también en objeto de especulación y capitalización.

El exotismo, el orientalismo, la turistificación y el espectáculo se reclaman y se solicitan entre sí: como si no pudieran vivir unos sin los otros. El espectáculo también es un elemento colonizador. Lo extraño debe despojarse de sus características para conquistarse más fácilmente. El objetivo es mitificarlo. Dotarlo de un valor mayor. Para ello se suspende en el tiempo con el fin de anclarlo en un momento ideal. Es el espectáculo. «Hablábamos de cómo darnos a conocer», afirman.

La aventura exótica es voluntaria, quieren darse a conocer y van «porque quieren». A veces, cuenta Gustavo, les dan dinero cuando los ven, como si fueran «saltimbanquis». La misma palabra que utiliza el poeta Rainer Maria Rilke en la Elegía V de las

Elegías de Duino, saltimbanquis (*Fahrenden*), también traducido por volatineros o ambulantes. Los que van y vienen voluntariamente, cuando quieren. Los que gozan de una doble naturaleza, errante y volante, pues *transitan* por la tierra y el aire.

Como Gustavo y Miguel, que se mueven en otros territorios y aventuras. Los tres provocan asombro y perplejidad a su paso por los pueblos. «Si tenéis que hacer circo, ganaréis dinero», les dicen al principio de la marcha. El mundo del circo como territorio periférico y contexto lateral, y sus protagonistas como seres improbables que viven prácticamente en los márgenes de la sociedad. Que caminan como una forma de vida alternativa y no se someten a reglas, pero sí al nomadismo y a la itinerancia. El circo, los saltimbanquis muestran otra realidad y llevan una existencia diferente a la de los pueblos. La vuelta a la isla en dromedario representa una posibilidad de descentramiento, de generar un itinerario y una narración fuera del poder.

III

El dromedario aguanta mucho sin beber, nosotros también

El bar estaba en la plaza del pueblo. No tenía cartel pero lo llamaban por su nombre. El mismo que un compañero de la escuela de Miguel. Lo regentaba su padre y en pocos años él lo heredaría. Mientras, lo ayudaba en el bar e iban sus amigos. Dos generaciones y, a veces, también iban ellas, que gritaban y cantaban alto con el timbre de voz de una soprano. Allí se reunía el pueblo y tenía tres mesas en la calle que nunca se recogían, fuera invierno o lloviera. Preferían estar dentro. Cuando por la noche los cristales se empañaban, hacía más calor que en casa, y la ventana se estremecía por lo que pasaba dentro. Bebían, sí, en aquel mes de enero y por las ganas que tenía Miguel de llegar por fin a su pueblo.

El dromedario olió el agua, sintió la humedad en el pelaje, en el hocico y fue hacia el torrente. Lo dejaron ir. Caminaban tan lentos en los últimos días que ocupaban todo el ancho de la carretera. El animal bajó el cuello, arrancó unas hierbas secas que se protegían del viento norte detrás de una piedra y, cuando levantó la cabeza, los pliegues del pelaje se arremolinaron unos sobre otros en ondas. Cerró los ojos mientras masticaba, también los hongos, el moho y las algas. El labio inferior al revés que el labio superior. De izquierda a derecha, de izquierda a derecha.

El agua corría fresca y transparente pero casi no bebió. No sudaba, no transpiraba, no la necesitaba. Era invierno, el pelo le había crecido y lo tenía más largo en el cuello y en la nuca. Se le enredaron unos ajos puerros entre la piel y giró la cabeza para que se desprendieran. «Mohamed», lo llamaron desde la carretera. Como si fuera a contestar.

Al llegar al pueblo se paró debajo de la sombra del campanario y no pudieron moverlo de allí. Se oía la música de bienvenida y el alcalde iba hacia ellos vestido para la ocasión. Lo dejaron atado a una farola negra con dos bolas blancas mientras subían al ayuntamiento. Hay quien asegura que lo vio escupir y dar patadas. Hay quien dice que lo escuchó rugir, y hay incluso quien dice que vio que tenía lágrimas en los ojos.

Al dromedario se lo llevaron al bar de al lado de la iglesia los amigos del colegio de Miguel. Tiraron con toda la fuerza que pudieron para arrastrarlo dentro. El animal buscaba entre las baldosas del suelo, pero no había nada y subía el cuello y mascaba el aire con los párpados cerrados. Hasta que el hocico chocó con una palangana de líquido oscuro. Nadie recuerda cómo llegó hasta allí. Tampoco qué hicieron para que lo bebiera, aunque todos lo imaginan. Era licor de palo. Marrón oscuro, casi negro, treinta grados, de una textura gruesa y azucarada que se pegaba al terrado y que no había forma de limpiar cuando se secaba. El viejo dromedario. Que ya no sudaba ni transpiraba porque era invierno. Una pareja se acercó al cristal para ver qué pasaba, pero no vieron nada, solo lo escucharon vibrar. De allí quizá esa lágrima que contaron que había derramado. De allí quizá esos rugidos que contaron que había dado.

Miguel y Gustavo aceleraron el paso al llegar a la plaza y tiraron una mesa entre las sillas al ver al dromedario. «Era una broma», dijeron los amigos cuando entraron en el bar. El animal estaba en el suelo, la barriga caliente chocaba contra las baldosas y había recogido las patas altas y delgadas al bies. Rugía largo. «¡Mohamed!», dijeron con voz entrecortada mientras tiraban de él para levantarlo. Se apoyó en las patas delanteras pero la joroba se desplazó a la izquierda y él se fue con ella. Tiraron de nuevo. Ahora eran más, hacían más fuerza, pero tampoco se movió. Orinó, inundó como una balsa de aceite las botas viejas de Gustavo. El amarillo cubrió las puntas redondas y las volvió negras. Gustavo se quedó mirándolas. «Si consiguiéramos llevarlo hasta la puerta», dijo alguien. Pero la barriga se había hinchado, la joroba se había hinchado, las patas se habían hinchado, la piel se había hinchado, los labios se habían hinchado, las rodillas se habían hinchado, los callos se habían hinchado. La lengua le colgaba a un lado. Un trozo de carne rosa, áspera, gruesa y seca. Ya no cabía por la puerta. Lo habían metido pero no podía salir.

Al día siguiente fueron a buscarlo a media mañana. Había una luz extraña y las dos bolas blancas de la farola seguían encendidas. El bar estaba cerrado y habían llegado unos curiosos hasta la plaza. Tres hombres, una mujer, dos niños y la comitiva que había ido a recibirlos el día anterior, el guarda rural, el pregonero y el cura. Las patas del dromedario dieron esta vez de sí. Fueron las pezuñas. Se puso de pie y resbaló entre los vómitos. Había restos de hierbas secas, una cabeza de ajo y un trozo de pita que le habían dado para ver cómo comía espinas. Miguel las sorteó pero no pudo hacerlo con la mierda, líquida, que se abría paso entre la balsa amarilla de aceite y espuma. «Vaya borrachera que ha pillado», dijo alguien. El animal se había deshinchado y paró antes de salir por la puerta. El cuello en forma de S hizo una diagonal perfecta y cruzó la entrada. Mientras dejaba atrás el umbral del bar, masticó algo. Los labios se llenaron de saliva blanca. Se paró y, de pronto, escupió. Impactó en el cura. Este lo miró, cogió aire y le devolvió el escupitajo.

Miguel y Gustavo «contaron su aventura», en palabras de Miguel, en el libro *Mallorca a paso de dromedario* publicado al año siguiente de su vuelta en 1965 en la editorial Miramar. La obra recogía lo que habían adelantado en prensa antes de salir. El libro incluiría los textos del novelista y los dibujos del pintor y llevaría por título *Mallorca a través de los pueblos* o *Nuestra Mallorca a través de los pueblos*. Afirmaban además que habían sido contratados por una editorial inglesa y que la razón principal de la publicación era una excusa para que sus padres les dejaran marchar. Con motivo del cortometraje de Toni Bestard, el libro fue reeditado en formato electrónico en 2013 por la editorial Foc e incluido en el DVD del documental.

Aseguraban en prensa que el libro sería al mismo tiempo narrativo, anecdótico y costumbrista, y que su deseo era hacer una mezcla entre historia, geografía y pueblo, aunque dudaban de si lo conseguirían. El libro cumplió sus deseos. Es literario, anecdótico, costumbrista y también recoge la historia y pueblo o pueblos (*Mallorca a través de sus pueblos,* dijeron en la prensa que se titularía), aunque se habla poco de geografía.

«Somos hombres jóvenes que queremos fijar en nuestras retinas todo el encanto y las maravillas de un paisaje y en nuestros corazones, el tipismo de un folclore de unas costumbres vividas», escribe Miguel en el prólogo. Y para fijar mejor la retina del lector, Gustavo realiza veinticinco ilustraciones (en prensa señala que trabaja en sesenta), que corresponden prácticamente a las plazas de los veintinueve pueblos por los que pasan, uno por capítulo. Al caer la tarde o en las horas de madrugada, dibuja algunas plazas de aire doméstico y arquitecturas costumbristas, imágenes que bien podrían y merecerían contrastarse con las fotografías que Casa Planas registra de los hoteles recién construidos y en pleno desarrollismo del momento. Los dibujos funcionan como cierre de los capítulos. Aportan mayor verosimilitud a la narración y permiten que los lectores fijen el contenido. Al mismo tiempo contrastan con el inicio del capítulo siguiente, que suelen comenzar aludiendo al movimiento del «dúo artístico y dromedario» (según cita la prensa). De este modo se crea una mayor tensión y suspense.

El «tipismo» al que alude Miguel se encuentra en las descripciones de los habitantes de los pueblos, los alimentos y bebidas con que los agasajan, las fiestas que les dedican o con las que coinciden, los lugares que les preparan para dormir... Resulta significativo que al inicio reproduzcan un fragmento de *Las lecturas españolas* de Azorín. Reflejo no solo del contexto literario de la época sino también de la importancia que el escritor alicantino otorgaba a mostrar la sensibilidad en la literatura. Miguel también menciona esta sensibilidad en el prólogo. Su escritura quiere mostrar «las impresiones recogidas a partir de los sentidos», algo que consigue plenamente, sobre todo en las descripciones del paisaje, que evidencian su mejor pericia y destreza narrativas.

Encuentro el libro *online* y lo compro. Amplío los dibujos de Gustavo para ver mejor los detalles, los puntos de vista, los objetos y todo lo que me permita conocer más cosas de la vuelta a la isla. Busco sobre todo un dibujo del dromedario. Quiero compararlo con las fotos de la prensa para reconstruir mejor su textura y su piel, sus callos y rugosidades. Pero Gustavo no parece haberle dedicado ningún dibujo. Qué extraño.

Los textos de *Mallorca a paso de dromedario* ponen en evidencia la tensión que significa contar lo nuevo. Lo que de extraño, insólito y novedoso hay en la aventura y la vuelta a la isla. El lenguaje se transforma con motivo de una experiencia diferente. Así aparece un vocabulario no usado anteriormente, una sintaxis más larga, otras imágenes y gramática. El lenguaje se expande, se extiende, se convierte en caracol y rizoma. Se ensancha a la deriva o se vuelve sobre sí mismo para mostrar el nuevo ritmo del pensamiento.

El conocimiento del territorio a través de un dromedario.

La segunda parte del título del libro resulta más ambigua: *Mallorca a paso de dromedario*. ¿Qué significa ir «a paso de dromedario»? «Lentamente. A paso de dromedario. Rumiando lo que va quedando atrás con la mirada siempre fija hacia el futuro desconocido», escribe Miguel. Pues desconocido es percibir el mundo a partir de la experiencia con un dromedario. Que obliga a ver las cosas de otra forma y que hace que los demás *los vean* de una manera diferente. Para ver mejor, hay que «saber dar un paso atrás», escriben más adelante. Retroceder, *desandar,* gracias al dromedario. Gracias al exotismo que significa la travesía y al orientalismo al que está vinculado. Ligados desde hace siglos con un tiempo anterior y un pasado remoto, y ajenos al devenir del presente temporal.

El primer contacto con el dromedario lo tienen dos días antes de salir. Miguel y Gustavo describen al animal a partir de sus propias características. Se proyectan en él: «Nos hizo, al principio, mucha gracia con su gesto de eterno cansado […]. Nos resultó simpática su forma de rumiar». Aprovechan para incluirse en la descripción y contar que lo observan detenidamente. El objeto de la representación cambia y, con él, el de la curiosidad del lector: ya no es el dromedario al que hay que mirar, sino a Gustavo y Miguel, convertidos en protagonistas de la narración. Ellos forman parte también del espectáculo. «Por nuestra parte también lo contemplamos largamente y él, ajeno a nuestros proyectos, seguía masticando».

La representación del dromedario tiene un itinerario propio que varía a lo largo del libro y del documental. En los dos casos resulta habitual personificarlo. Proyectar en él atributos y deseos humanos. Es perezoso, está pensativo, cansado, triste... Son emociones y reflexiones que se proyectan en el animal. Él es semejante a los seres humanos, Gustavo y Miguel se reflejan en el animal y aplican su visión antropocéntrica (alguien diría narcisista). Lo que en principio parecía ser ajeno y extraño se reduce, lo que podría ser ajeno y peregrino se relativiza. Se ve únicamente a partir de uno(s) mismo(s). Qué lástima de encuentro. Qué gran soledad.

Gustavo afirma en el documental que quienes veían al dromedario «pensaban que tenían visiones o que habían bebido demasiado». La visión del animal se relaciona con un exceso de imaginación y esta *necesidad* de ficción no es percibida de forma favorable. «Visto de lejos tiene un aire de leyenda, de imposible». Lo mismo ocurre cuando la visión del dromedario se relaciona con el consumo de alcohol (que suele tener una connotación negativa en muchas tradiciones occidentales). Si se ve un dromedario, es porque se está borracho. Una de las razones quizá por la que los amigos de Miguel le dan a beber licor de palo más adelante. Porque son ellos los que necesitan del alcohol para crear o soportar mejor el exceso de ficción: la visión de un *imposible*.

Lo exótico resulta insoportable, lo extraño parece irreal.

Al final del capítulo personifican de nuevo al dromedario. Se proyectan en él, lo consideran «su reflejo» y dicen que sufre una gran resaca: «El pobre animal estuvo con una resaca descomunal de la que le costó recuperarse». Así vuelven a la relación asimétrica y desigual para con él. Del mismo modo que ocurre cuando, tras un punto y aparte, Miguel afirma que, a pesar de todo, «yo me impregné de la belleza de mi pueblo» y pasa a describir los algarrobos, las flores, las higueras, las viñas, los albaricoqueros… cuya belleza (y armonía) puede ser percibida por él, pero no por el dromedario.

Mientras el libro describe un itinerario más o menos feliz, sin graves problemas ni dificultades, en el documental hay más reflexiones y valoraciones negativas sobre lo que fue y significó la experiencia.

En el libro, Gustavo, Miguel y el dromedario parecen situarse poco a poco al mismo nivel. Comen lo mismo, «se les come el pan y la sobrasada», tienen «hambre y frío». A los diez días del itinerario, los objetos de descripción se confunden. Gustavo con el dromedario; el dromedario con Gustavo.

Mohamed, a cada dos o tres pasos, levanta bien alta la cabeza y resopla sacando humo. Parece una chimenea alimentada por tiempos. Otras veces, baja la cabeza hasta el suelo, la frota, la mantiene un rato en esta posición y la levanta de nuevo con un gran resoplido de humo: ha rumiado. Gustavo también saca humo, con las manos en los bolsillos, la cuerda atada a un brazo y la cabeza cubierta con un gorro de lana. La cortina que crea su respiración empieza delgada, se esparce, y torna grande hasta mezclarse con la de Mohamed.

Solo al final tiene lugar una comparación animalista. Gustavo se sitúa al mismo nivel que el dromedario, pero lo hace porque considera positivas las cualidades del animal. Y esta afinidad existe porque los tres son capaces de soportar largo tiempo sin beber. «El dromedario aguanta mucho sin beber, nosotros también».

IV

Mantener lo mejor posible la postal

El dromedario ha girado la cabeza. La cámara no muestra los ojos. La boca y el hocico miran hacia otras cosas que no se pueden ver. La cuerda del arnés cuelga en el aire y crea un espacio vacío entre el cuello y la cuerda. Se podría meter un dedo y tener la ilusión de que se tira de ella y se puede guiar al animal. Hacer que volviera la cabeza y mirara de frente. Ver cómo mira.

La imagen se ha recortado con cuidado. La cuerda es tan delgada como las patas del dromedario. Las delanteras están abiertas y tienen las rodillas hacia dentro. Un equilibrio difícil, un cuerpo pesado. Cuerpo frontal expuesto. Como si en vez de buscar la estabilidad estuviera a punto de arrancar, tomar impulso e irse. Las patas traseras están muy cerca entre sí. Muestran la parte superior de los muslos, geometría perfecta. Un jamón. Un dromedario mayor que está a punto de perecer y, una vez muerto, servirá para otras cosas.

El hombre sentado encima de la silla viste un traje oscuro. Más oscuro que la piel, las callosidades y las pezuñas del dromedario. La imagen es en blanco y negro. Tiene entre cuarenta y cincuenta años, como el dromedario. Es apuesto y se acaba de cortar el pelo. Mucho, para que no parezca que la frente se alarga hacia una incipiente calva. La nariz es grande, redonda, casi una humorada. Al igual que la de un payaso, postiza. Sonríe. Con dos hoyuelos, al final o al comienzo de una carcajada.

Saluda con la mano en el centro de la imagen. Justo encima de la joroba.

Pero el dromedario sigue con la cabeza vuelta.

Las manos del hombre son tan grandes como los pies. Ha estrenado zapatos para la ocasión. Las suelas son de goma, gruesas, con relieve y están muy limpias. Parece que nunca hubiera llegado a tocar el suelo y siempre hubiera ido encima de un dromedario. ¡Pero esa sonrisa y ese saludo! El animal lleva equipaje. Una caja de madera atada con una cuerda doble. Con unas letras mayúsculas que no se aciertan a ver y un número cuatro a la derecha. El pie izquierdo del hombre sortea la caja y se incrusta entre ella y la silla de madera. Una estructura perfecta la que soporta el dromedario y sostiene a las personas que lleva a cuestas. Debajo, el jamón. Una caja que alude al transporte y que, al tapar el culo del animal, lo transforma en algo comestible, para otros usos. Animales que ya no sirven para ser fotografiados.

Un hombre bello en traje con camisa blanca y corbata negra con una pluma o un bolígrafo en el bolsillo, que saluda a la cámara con la muñeca alzada, la palma de frente al observador, los cinco dedos extendidos y recortados en la parte más alta de la imagen. El brazo en alto y el cuello del dromedario tienen la misma curva. Como si la visión de una forma ondulada llevara a la otra. Del animal al gesto.

Pero el dromedario sigue con la cabeza vuelta.

Y el hombre saluda a la cámara.

Es un imán y he cogido la parte inferior del cuello del dromedario con la punta de los dedos. Una imagen imantada que pesa más que las centenares de papel que he sostenido antes y sostendré después. También es más gruesa y paso la yema por el borde para sentir un tacto nuevo, mitad metálico, mitad pesado. La humedad del Mediterráneo no la deformará, como pasa con las postales y el papel. Por detrás es negra, con la misma pátina que se aplica en la parte posterior de los espejos y crea los reflejos e imágenes. Las sombras que hacen falta para revelar lo visible.

La he encontrado en una de las cientos de cajas de las estanterías de Casa Planas y lleva en la parte delantera y visible el número 52. He tenido que subir a una banqueta y hacer mucha fuerza para retirarla y no arrastrar conmigo las cajas que tenía encima.

La enseño en Casa Planas y me dicen que no la habían visto antes. La fotografían.

En la caja hay cosas inverosímiles, desordenadas, sin catalogar todavía, y el imán está en medio. Podría haberse caído o haberse traspapelado al sacar los objetos de dentro.

Son las ilusiones, los sueños, los imaginarios que quiso compartir Planas. Quien subió a un dromedario para que lo fotografiaran y hacer después un imán. O quizá no, y nunca subió, e hizo un fotomontaje, al igual que ocurrió con sus postales, conocedor de los deseos que se proyectaban en los tres dromedarios que compró Campet en Marruecos. Le gustaban los fotomontajes y sabía de su necesidad. Eran una mínima extensión de la construcción de una imagen, una técnica innovadora en los años sesenta que impactó fuertemente en la publicidad y el arte, una composición imposible de lograr con una sola toma fotográfica. Una pieza única y un imán al servicio de los deseos.

Planas fue *fotocompuesto* en una imagen en blanco y negro a volandas de un dromedario, mientras saludaba de frente al espectador con una media sonrisa que antes debió de ser carcajada. Y ese contraste de su figura entre su vestimenta con corbata y el cuerpo animal —patas enclenques, pelaje a trompicones— de un dromedario prácticamente decapitado. Animal que está de espaldas y alude también a lo que el observador no puede acceder ni ver, pero que el dromedario aún puede hacer y contemplar. Y una pluma o un bolígrafo en el pecho de Planas, el mismo quizá con que él o sus operarios escribieron en una ficha las más de treinta mil copias de la postal del dromedario vendidas en cuatro años. Planas, quien más tarde se recortó encima del animal usando las fotografías de las sesiones que se habían hecho en la playa. Como si fuera un imán, un recuerdo, un objeto de regalo, entre surrealista, simbólico y lleno de humor.

La creación de una realidad imposible.

La caja de madera encima del dromedario es fruto asimismo del fotomontaje. No se ven con claridad las letras impresas en mayúscula. Probablemente indiquen las advertencias típicas de las cajas de envío. «FRÁGIL», «MANEJAR CON CUIDADO», mensajes que avisan de que los objetos delicados del interior deben ser manipulados con atención durante el transporte. Otro contraste. Planas vestido con formalidad a punto de empezar o acabar una travesía exótica. A su lado, el equipaje y un número cuatro escrito a la derecha, que indicaría que aún faltan cajas por añadir, que el equipaje es mayor y el itinerario más difícil. Son objetos que requieren cuidado y evocan el movimiento del dromedario, la dificultad de montar en él. Un movimiento que la fotografía no puede reproducir, pero que se sugiere a través de la caja inserta en la fotografía: el sonido, el vaivén y el traqueteo de los objetos que contiene.

Sean cuales sean. Tal vez alguno de ellos permanezca aún hoy en el archivo.

Montar en un dromedario es ver el mundo desde las alturas, como el mismo Planas lo había visto tantas veces desde el helicóptero. Cuando hacían fotografías de los nuevos paisajes urbanísticos y los mostraban como piezas de arte, esculturas blancas esperando para ser admiradas. Edificios de alturas semejantes que ordenaban y homogenizaban el paisaje que antes fue naturaleza con piscinas olímpicas del mismo color que el agua cristalina, transparente y azul. Extensiones del color del mar alargándose en los terrenos hoteleros. La ilusión de poder contener el agua en la parte posterior de los alojamientos turísticos. O duplicarla incluso, cuando la piscina estaba delante del hotel y detrás del mar. Gozar del azul mientras se contempla el mar prácticamente al lado, pero en la seguridad de una piscina.

O las imágenes de las carreteras tomadas también desde el helicóptero. Sin vehículos, sinuosas y serpenteantes. Curvas de noventa grados que se pueden contar desde el aire, con la más cerrada ocupando el centro de la postal remitiendo a la dificultad de la travesía, a lo pintoresco del paisaje, a la invitación a transitar sin un principio o final, a su propio movimiento, y a la fascinación de lo nuevo y recién construido.

La posibilidad de llegar a cualquier parte.

O las imágenes del ensanche de la capital de Mallorca a mitad de los años sesenta, que buscan situar las avenidas arboladas en el centro de la imagen. La composición aérea sigue el mismo patrón de cuadrícula urbana y alineación de árboles que reflejan las nuevas formas de urbanizar y expandir la ciudad. Allí donde antes estaban los árboles de la avenida aparecen ahora los edificios residenciales, perfectamente dispuestos a cada lado. Con objeto de mostrar una disposición regular y ordenada, al menos, en la foto.

Son ejercicios de reencuadre. Formas de recortar las fotografías para modificar la composición. De eliminar elementos no deseados, incidir en otros, ajustar con objeto de cambiar de tamaño y reproducir la imagen en formatos diferentes. En una época analógica, trabajada en el laboratorio y recortada de manera manual. A veces con tijeras, con mucho cuidado para que los dedos de la palma de una mano extendida que saluda se recorten perfectamente en el aire y también para que una rienda del arnés de un dromedario dé la sensación (o cree la ilusión) de que podría ser guiado y domesticado por el observador.

Planas tenía sobre el dromedario un rostro parecido al de la fotografía de carnet de la autorización de la Subsecretaría de Aviación Civil del Ministerio del Aire para realizar tomas aéreas, sus fotografías de 1966. La misma frente alargada, el traje, la corbata, aunque sin sonrisa ni hoyuelos. Distinta, sin embargo, a la imagen que él mismo (o quizá alguien más) colocó sobre un dromedario y que el operario Palau fotografió en la playa. Un animal desde donde Planas podía ver y ser visto mejor, en las alturas. Saludando a un espectador imaginario, que reconocería de inmediato el humor y el simbolismo del gesto y se echaría a reír al verla. Una imagen convertida en imán, posiblemente pensada como obsequio. De un dromedario cuya cabeza dio la espalda en la toma original y que ahora se la daba al espectador. Que podía colgarse en cualquier superficie metálica a la altura de los ojos. Animal domesticado, inmovilizado y servil. Un imán nacido de una fotografía que debió desecharse en su momento por mantener el dromedario semejante postura y que ahora estaba al alcance de las manos y podía trasladarse a cualquier lugar y reproducirse. Un hombre montado en volandas, suspendido, encima de un dromedario en un imán de regalo: una ilusión. Para mantener de la mejor manera posible la postal.

V

**Porque eres sufrido y lento,
me eres simpático. Porque eres
triste y feo, te quiero**

Los habitantes se habían unido para despedirlos y seguían diciendo adiós a lo lejos. «El tiempo está caprichoso. No tarden en salir», les habían advertido. Y caminaban a lo ancho en la carretera mientras al grupo se le difuminaban los colores y se le formaba una figura extraña: una cumbre montañosa o un dátil. Habían ido a buscar al dromedario al establo y se habían olvidado de cerrar las puertas. Golpeaban, sin parar, una tras otra contra los postes. Un ritmo sincopado que acompañaba la caminata y a la última forma que había tenido el grupo, que ya se había dispersado.

El viento soplaba de frente. Levantaba la arena y los envolvía en torbellino. Gustavo y Miguel habrían volado por el collado si no fuera porque llevaban el equipaje en los brazos. «Por qué no lo pones en las alforjas», dijo uno. «No se deja». Lo volvieron a intentar y el dromedario rugió. Intentaron que bajara para cargarlo, pero no podía, las patas traseras no se doblaban aunque respiraba fuerte, igual, como si hubiera hecho el mismo esfuerzo. Continuaron la subida. El dromedario se quedó atrás. El cuello vibraba cuando las pezuñas se inflaban y desinflaban contra el asfalto. El mismo ritmo. Habían sido negras, pero ahora, cuando arrastraba los cascos, se veían blancas, descoloridas. Al igual que los callos en las rodillas: antes eran gordos y oscuros, y ahora apenas sobresalían por encima de las rodillas. No podía con su propio peso.

Los golpes desaparecieron de la carretera. Daba traspiés a intervalos melódicos con pausas cada vez más largas. «¿Por qué llora?», preguntó Gustavo al llegar a la cresta de la montaña.

Todo era incierto aquel cinco de febrero. Hasta el rayo de sol que atravesó una nube negra y que deslumbró los ojos a los jóvenes. Hacía mucho frío. El resto había muerto por las temperaturas o seguía vivo, pero hibernaba en alguna forma extraña o ajena. Una simiente, un huevo, una espora.

«Dale algo de comer. A ver si camina», dijo uno. Le quitaron el bozal, le soltaron el arnés. Tenía marcas profundas debajo de los ojos. Miguel le llevó unas ramas secas de hinojo a la boca y una ráfaga fuerte de viento lo empujó hacia atrás. Casi se cae. Gustavo lo recogió en el aire y todo se impregnó de anís.

El animal no podía cerrar los párpados. Las pestañas eran chiquitas, romas, casi calvas y el viento le sopló directamente en las corneas. Ya no le protegían ni las pestañas. Pero no quiso comer. Miguel lo intentó de nuevo, también abrirle la boca con las manos pero los labios no se movieron. Tiró las hierbas al suelo y le rozó el labio inferior con los dedos —como si así pudiera saber qué pasaba— pero el dromedario no se movió. Recordaba el labio más gordo, más oscuro y le pareció que estaba seco; pero esto no lo podía saber porque nunca lo había tocado antes.

El viento llenó el cielo de nubes oscuras. El pico del fondo se había cubierto de blanco y el dromedario seguía llorando. Sin arnés, sin bozal, sin hambre y en cuesta. Empezó a llover. Eran unas gotas pequeñas, una lluvia fina e intermitente y de repente todo olió de otra manera. Levantó la cabeza hacia el cielo y rugió. El agua le entró por los agujeros de la nariz. Al poco se volvió granizo y chocó contra las fosas nasales. Volvió a rugir: el sonido se abrió paso entre las dos montañas como si fuera agua. El mar había dejado de ser azul al fondo.

Después se hizo el silencio.

«Ponle el arnés y vamos a buscar un sitio para que descanse», dijo uno o el otro. Fueron a una finca cercana entre los copos de nieve que iban cubriendo el suelo, las chaquetas y la cerviz.

Les dejaron un porche en ruinas orientado hacia el norte. Entraba la lluvia, entraba el granizo y entraba la nieve. El dromedario se desplomó. Apoyó el cuello en el suelo con el labio inferior desencajado. Lo cubrieron con la manta roja. Tenía los ojos muy abiertos, respiraba lento y gemía. El aliento era frío y blanco. El gemido lo cortaba, uno empezaba donde el otro acababa. Se derrumbó sobre el terrado mojado. Dejó de oírse.

La manta cayó al suelo. El dromedario era otra cosa. Tenía una protuberancia en el lomo. Dolía. Levantó el cuello y giró la cabeza para mirar. Era la joroba y colgaba a un lado. Hizo fuerza con las patas traseras para levantarse, como solo lo sabe hacer un dromedario. La giba seguía a un lado y él hacía fuerza contraria para que volviera a su sitio. El cuello vibraba, las patas le temblaban. El establo retumbaba a lo lejos. Pero no rugió ni una sola vez más y la joroba no volvía a su centro. Gustavo y Miguel se miraron. No lo soportaron más y lo empujaron con todas sus fuerzas. Al dromedario lo venció el peso de la joroba y se cayó encima. Cerró los ojos y soñó con el desierto y otros dromedarios.

Gustavo y Miguel afirman en el documental que no saben de qué murió el dromedario, pero sí que nunca se recuperó de la borrachera. Hay un cúmulo de cosas que provocaron su muerte y que son contadas de forma diferente en el libro y en la cinta. La diferencia más significativa es el silencio. En el libro se narra con detalle el contexto en el que transcurren sus horas finales. El paisaje, el clima, el itinerario geográfico, la reconstrucción de los últimos lugares por los que pasaron los tres. Hay incluso un diálogo que vivifica y actualiza los momentos postreros del dromedario, pero poco antes de morir, la descripción se suspende. Aparece el vacío y el silencio. La frase «Descansa en paz, Mohamed», cierra apenas el capítulo.

Desde el principio la atmósfera es negativa y triste. Se barrunta la desgracia. Hay un «mal presentimiento», las nubes son «oscuras», está «gris» y «triste», «atardece», tienen «hambre». Es invierno y hace un tiempo inclemente, hace «frío», hay «nieve» y está «húmedo». Sin mostrarse explícitamente, pero intuyéndose, todo se dirige a que se cumpla el presentimiento anunciado. Gustavo y Miguel observan al dromedario con un detenimiento infinito en sus horas postreras. Lo van a recoger al establo donde pasa la última noche, pero el animal les arroja «una mirada inútil».

Mirada que mira. Mirada que se fija en ellos, mirada que devuelve las suyas. Que hace quizá recordar la vuelta a la isla, reflexionar sobre la aventura compartida y lo inútil que es continuar el camino.

El recorrido se ve y se describe desde las alturas. Las calles, las casas, los montes, los puentes, los torrentes se percibe a lo lejos y en perspectiva. Se citan además en plural y, con ello, se resalta su colectividad, pero se les desposee de su singularidad, como si se deseara restar importancia a la muerte del dromedario que va a tener lugar. Ver desde lo alto ofrece una panorámica, una posibilidad de ver todo en su globalidad y de tener la ilusión de que se alcanza enteramente. Una suerte de apropiación y poder. Una forma de despojar de intimidad y emotividad a los objetos de descripción.

«Visto desde la altura, ficticio por bello».

La altura y la distancia con el objeto convierten a la acción en más subjetiva y generan un mayor distanciamiento con el lector. El narrador crea así un espacio que facilita la integración del silencio anterior, el espacio previo a la escena final del dromedario.

Imagino a los tres ascendiendo por el collado. El dromedario va delante de Gustavo y Miguel; qué extraño, ellos parecen aún más cansados y agotados que él, y se arrastran por una cuesta infinita con los cuerpos combados hacia adelante.

El paisaje se personifica. La personificación es una figura del pensamiento. Uno de los grandes frutos de la ficción. La figura es utilizada desde el comienzo del libro y, tal y como avanza hacia el final, se extrema y se vuelve cotidiana. El uso no es neutral: la estética acompaña la ética. La estructura del texto implica una toma de postura ante el mundo y la condición humana. La estética como ética, que diría H. M. Daleski, cuando repasa las metáforas e imágenes de oscuridad en *El corazón de las tinieblas* de Joseph Conrad.

El paisaje se personifica y se confunde así con el dromedario o, más bien, lo conduce hacia él y lo vuelve más verosímil y creíble. La personificación del paisaje da paso al animal.

El paisaje se va difuminando entre el escarlata y el gris del atardecer. Algunas luces se encienden aquí y allá. Una hora más y estaremos en Palma, con el tiempo justo para dar una explicación por radio. Descansa en paz, Mohamed.

Sin embargo, en el documental, no se encuentra el silencio anterior. Han pasado casi cincuenta años entre ambos y recoge testimonios orales, siempre más directos y sencillos. Alejados de una retórica literaria y una voluntad de estilo determinada, pero seleccionados y compilados bajo la acción del montaje. Otra narratividad. Allí se cuenta las dificultades de las últimas horas del trayecto. El dromedario está triste y llora durante el ascenso por el cerro. De pronto, «cayó muerto, se desplomó» y de nuevo surge la duda sobre su muerte: nunca sabremos de qué murió. Ni una sola pregunta más sobre cuáles fueron las razones. Ni siquiera una retórica. ¿Qué ocurrió? ¿Por qué murió?

Al final de la oración: «el dromedario». Desprovisto de su nombre propio, al revés que ocurre en el libro y bajo un nombre que recuerda su condición animal: «el rumiante». La personificación se ha debilitado y diluido hasta centrarse en la condición animal. Por último, nosotros «perdemos al compañero», un testimonio en primera persona del plural que permite situarlo al mismo nivel que Gustavo y Miguel. Para poder *absorberlo*, es decir, percibir por él, hay que hacerlo próximo y semejante. Transformar lo de él en lo propio o lo que de propio hay en él. *Absorber* e incorporar sus referentes y singularidades con el fin de *asimilarlo*. Para sentir como ventajosas las características del animal, es necesario anularlas y transformarlas en las propias. El ejercicio de asimilación se vuelve así más sencillo.

El dromedario viene de África, de las excolonias y las colonias. Es un animal y además es mayor. La proyección de poder sobre él se duplica, se triplica, se cuadruplica, se maximiza e intensifica. En él se proyectan estereotipos, prejuicios y formas de discriminación ligados a la edad y a la condición de inferioridad. Entre el dromedario y el ser humano se establece una relación de jerarquía, de verticalidad y de dominio.

Ellos por encima de él.

Las descripciones de sus últimos momentos se entrelazan con cuatro poemas. El dromedario no puede continuar el camino, «ni para esto tuvo fuerzas Mohamed» y deben refugiarse en un establo. Gustavo y Miguel están desolados y se sienten impotentes ante la situación: «las ideas no toman cuerpo, se amontonan veloces». El tercer poema surge tras la descripción del lugar donde va a morir. Esta se compone con tanto detalle que parece haber sido creada para fijar una realidad teatral y escenográfica. El lugar se carga aún más de valor y se contextualiza mejor, porque se hace de forma más dramática, la muerte que se aproxima: «dos salas una encima de otra, un gran cruzante de madera del norte en el techo, una cocina grande, con hoguera en su centro».

Entonces, en un alarde casi lírico, (la poesía como culmen de la creación literaria) el dromedario es comparado en el tercer poema con Platero. Sus cualidades se asimilan a las de un burro. Uno igual al otro. Para obtener el mayor beneficio del dromedario, es necesario neutralizar sus singularidades y transformarlas en las de otro animal. Convertirlo en el burro juanramoniano, una de las grandes figuras de la poesía.

> Porque es pacífico y manso
> le admiro y llamo Platero,
> Platero, sí, ¡del desierto!

La descripción detallada de la casa, la atmósfera gris del paisaje, y solo una frase interrumpe la *escena*: «Descansa en paz, Mohamed». No se menciona nada más sobre la muerte del dromedario ni sobre la forma en que, por ejemplo, se traslada después el cuerpo desde el collado.

En el cuarto poema, los versos retratan al animal como «tragón» y «avariento», en referencia a un día en que se comió el pan y la sobrasada de Gustavo y Miguel. Una vez más, proyectan en él sus carencias. El hambre del dromedario es también la suya. Al igual que el dromedario, deben buscar diariamente algo para comer y beber: también ellos pasan hambre.

Es en el tercer poema donde finalmente aparece la percepción que ambos tienen del animal. Una visión marcada por la condición de inferioridad que le atribuyen.

> Porque eres sufrido y lento
> me eres simpático, dromedario.
> Porque eres triste y feo
> me das lástima y te quiero.

Ser animal, triste y feo, justifica el ejercicio de poder. La relación que parecía semejante es en verdad asimétrica: vertical e inferior. Hay que hacerse con lo que lo precisa. Penetrar lo que lo necesita. Lo que proyectan en él y debe ser intervenido. Nunca se supo de qué murió ni tampoco por qué emborracharon al dromedario, repite el documental. Aunque a veces las razones son meras preferencias verbales. Elegir el verbo *morir*, que es intransitivo y no necesita especificar quién fue el agente causante, en vez de *matar*, transitivo, y que sí obligaría a explicar quiénes fueron los responsables de su muerte.

VI

La importancia que nuestra aventura representa

La manada tenía cincuenta y nueve dromedarios. Cuando soplaba fuerte el viento, cada uno buscaba un lugar y se sentaban con la cabeza y el cuello erguidos. Era antes de la tormenta. Las jorobas sobresalían en el horizonte, se confundían con las rocas, con las hierbas, y el viento levantaba la arena y el polvo, y cubría unas dunas y descubría otras. En poco tiempo los animales dejarían de verse, se tumbarían para evitar el viento y solo serían unas manchas, unas motas o sombras, rastros de olor en el Sáhara.

El bracero les había dado antes de comer. Nunca se sabía cuánto duraba una tormenta, a veces días. Las dunas empezaban a cambiar de forma. La más cercana al campamento se fue haciendo colina suave. No habría que esquivarla, cuando llegara el camión. A su lado había quedado un dromedario. Seguía rumiando con el cuello y la cabeza en alto. Las orejas se las llevaba el viento. Tiraba de los párpados hacia atrás y tenía las pupilas cada vez más dilatadas. Seguía de pie, en la colina, que antes había sido duna y era ahora llano pedregoso.

El bracero miró al animal desde el campamento. Intentó llegar hasta él. Se agachó, se hizo bulto y sombra como hacían los dromedarios, pero el viento borraba sus pasos, cambiaba las formas y tuvo miedo de perder el camino de vuelta. Sintió pena por el animal.

Era el más viejo de la manada. Lo había ayudado a nacer. Vino difícil. Con unas patas que no acababan nunca y una cabeza demasiado grande. Su padre lo despertó para que lo viera y lo sacó en brazos bajo la bóveda celeste que en el desierto llega hasta las manos. Vino difícil. Y su padre le sopló en las orejas y en los orificios nasales para insuflarle vida y calor. Él aprendió a hacerlo. No tuvo más que mirar. También a abrirle la boca presionando las mandíbulas para empujarle el cucurucho con leche en el gaznate y que comiera. El biberón era metálico, pero ahora, al recordarlo, sentía más la suavidad de la piel recién nacida entre sus dedos que el frío del metal. El padre ya no estaba, había muerto el verano pasado.

A la mañana siguiente el dromedario se unió a la manada. Había salido el sol y las cabezas buscaban los rayos orientadas al mismo punto. A veces uno lamía la oreja de otro, una herida en la piel, se rascaba o rascaba al de al lado y hurgaban unos en los orificios de los otros; pero enseguida todo volvía a su sitio y los hocicos miraban de nuevo hacia el este.

Hasta que el que estaba más cerca del dromedario viejo lo olió y gruñó. Contagió a los demás, y gruñeron desacompasadamente en un eco extraño que no llegaba a romper y que chocaba contra las dunas recién formadas hasta desaparecer en el desierto.

El bracero salió a ver qué pasaba. Vio al dromedario más viejo que se elevaba sobre los otros —eran casi sesenta— y mantenía la cabeza en alto. El resto se puso de pie y se alejaron. Se quedó solo, entre el polvo que había levantado la manada y la arena que escupían las ruedas del camión que venía de Boujdour.

Cuando fueron a buscarlo, bufó. Le ataron una cuerda a una pata y tiraron de él, pero no se movió. Eran tres: el bracero, el hombre del camión y un joven recluta de Sidi Ifni. «Déjalo», dijo el bracero, «Aún tenemos tiempo. Vamos dentro». Hacía frío y agradecieron la invitación. La tetera humeaba encima de la estufa. El conductor encendió un cigarrillo y aspiró con los ojos cerrados; el joven bebió el té amargo y contrajo las mandíbulas.

El bracero observaba al dromedario en la puerta. El animal se acercó de nuevo a la manada. A su paso, los otros se apartaron. Habían aplastado las hierbas con las pezuñas y se paró a comer. Levantó el cuello rumiando con los dientes amarillos. ¡Qué grande y qué alto era todavía! La cabeza se recortaba en el marrón oscuro de la nueva colina, que era más suave, más ligera, que aún estaba haciéndose.

La cabeza se prolongaba en ella y adquiría profundidad, como una cuarta dimensión. El dromedario seguía masticando sin mover ninguna otra parte de su cuerpo. Solo el labio inferior, hinchado, fresco y húmedo. El bracero sonrió y volvió a la tienda. Agradecieron que cerrara la puerta.

Se quedaron dentro todo lo que pudieron, pero el tiempo ya apremiaba. De Boujdour había que ir a Sidi Ifni y de allí, embarcar hacia las Canarias. De las islas, atravesar el Atlántico hasta España.

Entonces escucharon los ruidos. El bracero ya estaba acostumbrado. Era el trote de los dromedarios, un resoplar, una nube de polvo y una espantada. El dromedario más viejo corría hacia otro, pero el grupo se escapaba y no podía alcanzarlo. Corría ligero. Levantaba las patas en el aire, doblaba las rodillas, unas patas se metían entre las otras. Como un tigre, un guepardo, un jerbo. Quería alcanzar a uno, a uno solo, pero no podía. «Vamos a ayudarlo», dijo. Cuando llegaron a la colina aún resoplaba por la carrera. «Quedaos con él», y fue hacia la manada a buscar al otro dromedario. Siempre era el mismo. Lo trajo a rastras y los puso uno enfrente del otro. Pero el más joven tenía la cabeza vuelta y no lo miraba.

El bracero lo cogió del cuello y se lo retorció hasta que los cuatro ojos se encontraron. Fue un momento, un solo momento, pero el viejo dromedario fue mirado por el otro. Por fin. El bracero lo soltó.

El dromedario se revolvió como una culebra. Se mordió el lomo con los dientes, se lamió la joroba y se frotó el hocico contra la rodilla. El viejo dromedario lo miraba. Entonces hizo lo mismo. Sin embargo, no gruñó ni le puso el culo delante, ni volvió a la manada como hizo el otro dromedario.

No había tiempo. Le pusieron el arnés y los siguió despacio. El hombre de Boujdour fue a buscar el camión. Tan lentos no llegarían nunca. «¿Le atamos las patas?», preguntó mientras colocaba la plancha de metal en el camión para que subiera. «No hará falta», aventuró el bracero. Así fue. El dromedario subió rápido. El problema fueron las pezuñas. Resbalaban por el metal. Se hundían en la arena, se agarraban al desierto, pero se escurrían por la rampa.

El bracero le gritó dos veces para que se sentara. «Hok, hok». Y el dromedario se tumbó. Se sentó a su lado y lo acarició por última vez entre los ojos. La lengua le colgaba a un lado de la boca. Lo acercó a su pecho y el animal lo olió. La lengua se dilató como la pita de una chumbera. Metió la cara entre su pelo y lo olió también. Como un pulpo gigante que se encontrara con una estrella de mar. Respiraron juntos. «Has tenido una buena vida», le dijo al oído. El motor arrancó y bajó de un salto. El camión se alejó por la pista rumbo al oeste hacia la costa. La cabeza del dromedario sobresalía por la parte trasera. Miraba hacia la manada.

En la guía de viajes *Mallorca*, hay una foto que muestra a dos mujeres vestidas enteramente de negro que caminan por el casco antiguo de Palma en un miércoles de ceniza. Están a punto de girar y tomar una callejuela. No se les ven los rostros. Tomada por detrás, el ropaje negro que cubre a la mujer de la izquierda se abre y ondea por el movimiento, mientras que el de la mujer de la derecha permanece pegado al cuerpo, casi recogido o quizá empujado por el vuelo del de su compañera. Enseguida las dos van a desaparecer por el fondo del callejón de Sant Pere Nolasc.

Las figuras de negro se recortan contra los sillares de piedra y ocupan el centro de la imagen. Forman parte de las alusiones no veladas a Oriente que se encuentran de maneras diferentes entre las imágenes de Casa Planas, en los textos que escribe Bonet para la guía de la isla y en el libro de la vuelta con el dromedario. El mediterráneo representa Oriente para los turistas, pero también se elabora para crear dicha imagen.

Estas alusiones y figuras remiten a uno de los imaginarios más conocidos y repetidos de Oriente. El lugar donde encontrar la paz. Esa paz que por una extraña razón no se puede encontrar en el lugar de origen. La isla «es un oasis», escribe Miguel. Una idea heredada de la antigüedad que vincula a los archipiélagos con el paraíso, pues paraísos significaban los pedazos de tierra rodeados por el mar, donde los navegantes, tras largas travesías, podían recalar finalmente para proveerse de agua y comida. La isla es «un desierto para los jóvenes», sigue Miguel. Un espacio que debería transformarse, hacerse fértil para generar otras posibilidades.

Sin embargo, ambos pueden percibirla de otra forma gracias al dromedario. Ir con el animal es incómodo y un añadido de dificultades, pero permite que «descanse el espíritu» y se descubra «una acción verdadera». Esto significa una experiencia tanto original como originaria. Oriente se relaciona con el mito de la autenticidad y este se vincula al del origen. El origen, entendido como el principio de todas las cosas, representa lo más auténtico y por ello se intenta retornar a él. Aunque este regreso signifique una vuelta al pasado y a lo arcaico. Una búsqueda provocada por la huida o la fuga de los contextos de origen, cuyas consecuencias son conocidas. El esencialismo, el tradicionalismo o el primitivismo, asociados al exotismo oriental, que suelen presentarse desvinculadas de la modernidad, entendida esta como proceso de tecnificación y progreso.

> La impresión que me causó, amén de la marcialidad que impone y del daño que llegaba a causar en los riñones, fue de descanso del espíritu. Allá montado, a paso lento, el paisaje parecía otro: el monte parecía más monte y el campo, más verde, más limpio.

En 2014, *El diario de Mallorca* describe Oriente como un espacio «indefinible» al presentar, en el obituario de la traductora Elaine Kerrigan, la singular belleza y el misterio evocador que rodea a la hermosura de esta. «Indefinible», un espacio vacío para ocupar, para precisar y llenar, para dotar de contenido (*conceptualizar*). Para otorgar un sentido a lo que hasta entonces parecía pendiente de definición y por esa razón debía ser interpretable: «indefinible». De forma similar a lo que escribe Bonet, quien describe al isleño como una persona que vive gracias al empuje árabe de su tierra, que se encuentra además impregnada de una atmósfera oriental.

El dromedario resulta tan exótico para los habitantes que Miguel y Gustavo tienen que justificar su procedencia. Cuando llegan a Muro, una mujer se pregunta por qué han ido hasta allí con el animal, por qué hacen semejante aventura. Ahora son ellos quienes dicen que han hecho el servicio militar en África. Un joven acude para saber cómo va a ser su vida allí; él sí que está obligado a ir al continente para hacer el servicio militar. De Mallorca a Ceuta, con suerte, si no, más lejos aún, a Sidi Ifni o a Dahla. Gustavo y Miguel se excusan, ha sido una broma, intentan salir del paso, dan ánimos, al joven le va a ir bien…

El dromedario se relaciona con Oriente, el dromedario se relaciona con África, el dromedario se relaciona con Marruecos, el dromedario se relaciona con el servicio militar… El dromedario como justificación de algo lejano y desconocido, que se teme precisamente por *ser* un espacio en blanco, que está aún por escribir… Y por esa razón, debe ser descrito con imágenes o lugares comunes.

Sean los que sean.

Al dromedario le gusta Mallorca y le gusta porque también es un turista, «como si fuera un turista», escribe la prensa. Al igual que los turistas: «anda siempre con la cabeza alta, en contemplación parsimoniosa del paisaje, que parece ser gratamente de su agrado». De forma semejante a una imagen de Planas en la que captura a una turista con una cámara en las manos fotografiando, con la cabeza erguida, el ojo en el obturador, observando con atención infinita y curiosidad el paisaje urbano de la capital mallorquina. La razón de dicho interés es la fascinación (atracción poderosa por algo) por Oriente, es decir, la sinrazón con la que se ha asociado desde antaño: «el embrujo árabe». De nuevo una condición de lo isleño «que todavía flota en la isla». Un espacio que atrae porque es oriental (y porque puede ser orientalizado), porque es irracional, porque embruja, cuando esto ocurre, *no se puede luchar contra ello*. Cuando se cae bajo la brujería de Oriente no es posible *des-orientalizar* ni *de-construir* las imágenes.

La isla. El lugar exotizado y orientalizado.

El dromedario se erige como un emblema de lo exótico y también como un emblema del turista. Cuando llega a los pueblos, también llega Oriente. El paisaje que Gustavo y Miguel ven por primera vez es «exótico» y los campanarios de las iglesias, «morunos». Con el uso de estos términos, hay una intención estilística. Se busca que la narración sea más atractiva y fascinante, fórmulas orientalistas prácticamente canonizadas a las cuales se suma la compañía del dromedario. La exotización se multiplica.

Oriente se representa como femenino y, al dotarlo de este género, puede *penetrarse* —dominarlo, poseerlo— mejor. «Palma es una odalisca», escribe Miguel, el término turco con el que se designan a las mujeres de un harén. Unas figuras estrechamente asociadas al imaginario oriental, tanto que evocan Oriente con un solo gesto o una pose. Ademanes de laxitud, del abandono de un cuerpo tumbado o postrado, que son leídos como si fueran invitaciones sexuales. Como la figura de la sinécdoque —una de las grandes fórmulas orientalistas— que confunde la parte por el todo o, mejor, la prefiere. La mujer desnuda y reclinada por el deseo sexual desenfrenado. La mirada perdida por el hastío.

La bahía de Palma es una media luna y Miguel la mira con ojos de enamorado. El sol que la baña, «aún la habría de acariciar con más ternura». Los algarrobos del interior de la isla tienen «gestos ampulosos de princesas orientales». La mujer es el *lugar* donde se cumplen los deseos «más» orientalistas. El centro de la inferioridad atribuida a Oriente. Se considera oprimida, dominada y debe ser *salvada*. Las descripciones interpelan al lector y despiertan su interés mediante la fascinación y seducción orientalistas. Estas apelan a lo conocido, a las imágenes previas con las que se ha relacionado a Oriente, y traducen lo visto a lo que ya se sabe representar. Oriente es una elaboración y coincide con los deseos y las imágenes de los turistas. Los estereotipos se reconcilian con ellos. La esencialidad queda intacta y apenas queda margen para la transformación.

La guía *Mallorca* recoge otros estereotipos ligados a Oriente. Por ejemplo, el medievalismo. La recuperación de la Edad Media por la vertiente más conservadora del Romanticismo, que defiende la búsqueda de una identidad nacional ligada a la Edad Media cristiana.

> Ante el Palacio de la Almudaina, el viajero piensa que las almenas de una torre medieval pueden, cuando el pueblo es lento y profundo, ser tan contemporáneas como los viejos sentados ante el portal de las casas o en el banco de la plazoleta. Uno se encuentra a gente, hombres que miran el tiempo, niñas que se miran en el agua, que parecen estar allí desde la Edad Media. El tiempo tiene una cosa perenne: la contemplación del mismo.

También el neogoticismo (la mirada gótica), que describe la isla a partir de distorsiones visuales, proporciones alargadas y suavidad en los colores con objeto de provocar una mayor ensoñación y/o exotización. De nuevo imágenes anacrónicas descontextualizadas del tiempo en el que se publica la guía (1960), pero imágenes con las que el régimen franquista desea perpetuarse o, mejor, podrían hacerlo perpetuar.

La construcción con piedra es una de las características arquitectónicas de la isla. Los castillos y las fortalezas se levantan así y las personas que los construyen lo hacen porque les impulsa una «honda poesía». Las torres, los fosos, las salas de armas y las mazmorras son «la decoración y la belleza oficial de la ciudad». El medievalismo aparece como un rasgo natural de los isleños. Les mueve la poesía («honda» además), un arte ligado desde la antigüedad a los dioses y que, por estas connotaciones religiosas, sirve mejor para defender el tradicionalismo franquista. «Si Dios te da una tierra hermosa, no es para que llores». Si la naturaleza («la sal, el pino») es bella y sencilla es también porque es producto de Dios.

De forma parecida ocurre con la jerarquía, el carácter de servidumbre y el espíritu austero y servil, que la guía considera parte de la esencia mallorquina, y condicionan la quietud de los patios mallorquines, iguales a los claustros eclesiásticos: «a imagen y semejanza de la institución social de la Iglesia».

También destaca la celebración de la playa, donde Bonet utiliza lo mejor de su prosa para ensalzarla.

La playa es una hermosa versión estival de la plaza. El verano, como fuerza plena que es, reúne allí a la gente, pero no en congregación social, como en el ágora, sino con lo elemental. Allí el hombre pisa la tierra, tal vez, en un instante de fugaz consciencia, piensa que la tragedia humana pierde brío en cuanto son valorados objetivamente la sal, el pino, el vaso y la mesa.

La playa es la continuación de la vida en la plaza, pero no como un lugar democrático y de intercambio social, sino, de nuevo, por su relación con lo elemental y lo esencial. Lo originario y sencillo, los elementos más tradicionales y rústicos (de nuevo anacrónicos) que podrían verse alterados con la turistificación.

Los fragmentos poéticos escritos por Bonet no van más allá de cuatro líneas y están muy cuidados. Las fotografías de Planas ocupan las páginas de la derecha y los textos, las de la izquierda. La guía se traduce al alemán, al francés y al inglés, lo que refleja la voluntad de promover la difusión e internacionalización del proyecto. Del deseo de crear un imaginario para la turistificación, y de que llegue al mayor número posible de personas. Hay una idealización del campo, los temas son más rústicos y tradicionales, y el pintoresquismo se amplía a otros temas. Probablemente porque aumentaba la construcción residencial dispersa y la expansión de núcleos urbanos hacia las zonas rurales del interior y Planas debía de estar pensando en poner su empresa al servicio de dicho desarrollismo. La paleta fotográfica es, por otro lado, diferente. Las imágenes son ahora más subjetivas, más poéticas, más autorales. El espacio que no dejan las postales, dedicadas al servicio de la reproducción serializada de imágenes, lo permite la guía. Sin embargo, Planas no volvió a hacer otra guía que incluyera textos. Solo una a lo largo de cincuenta años.

VII

Es un sueño ligado a una época que me ha tocado vivir

El dromedario siguió mirando a una manada imaginaria hasta Boujdour. El recluta se giraba a veces para ver si todo iba bien. No se oía nada, ni el lomo al escurrirse en las curvas ni los golpes de las rodillas contra los laterales metálicos. Tampoco intentó levantarse al llegar al pueblo. «Ocúpate de que todo esté bien», le había dicho el capitán. Pensó que quizá le daría una propina, que tenía que hacer bien lo que le había ordenado o quizá daba igual, y esto lo paralizaba, que le negaría un permiso o le daría un puñetazo, como a su compañero, por ser más alto que el capitán. La boca y los ojos se le contrajeron. Se giró para ver al dromedario. Los dos miraron hacia al mismo sitio.

«¿Paramos?», dijo el conductor. «No», contestó el recluta. Quedaban aún seiscientos kilómetros y sintió mariposas en el estómago al pensar que volvía al cuartel. El conductor conocía esa cara. La de estar lejos de casa, de hacer el servicio militar, de territorios y guerra. «¿Qué van a hacer con el dromedario en Canarias?», preguntó. «No va a Canarias, va a Mallorca», contestó el recluta. Se lo había oído a su capitán. «¿Y para qué quieren allí un dromedario?». Calló. Mejor no decir nada más.

Él no había estado en Mallorca ni en Canarias, pero soñaba con islas en los días de permiso. Cuando se sentaba en la playa con los reclutas y creían ver la silueta de tierra allá a lo lejos, muy lejos, donde embarcaron para ir a Sidi Ifni; mientras fumaban, bebían y lloraban sin verse las caras.

Cuando llegaron a Sidi Ifni, la niebla se había comido la avenida principal. Era de noche y la temperatura había bajado diez grados. Los cristales estaban empañados y el recluta no reconoció el enclave. «Vamos al mercado, alguien habrá», dijo el conductor y siguió hacia el sur. Una vez pasado el pueblo, donde estaba la montaña que en los días de niebla no se veía ni desde la aldea ni desde el mar. Al lado del aeropuerto que no se usaba porque la niebla era tan densa que los aviones no intuían los contornos de la montaña cuando enfilaban desde el mar. Al lado del aeropuerto, del que se reían los soldados, que vete a saber por qué (aunque ya imaginamos) se había hecho allí y no en otro sitio, y que les habría gustado conocer porque ellos, vete a saber por qué (aunque ya imaginamos), llegaban siempre en barco.

A la mañana siguiente el dromedario se dejó hacer. No gruñó ni gimió, ni bufó ni escupió cuando lo ataron. Tampoco cuando lo subieron por los aires en una cesta marrón con unos agujeros que coincidían con sus pupilas, que seguían orientadas hacia una manada invisible o imaginaria.

El teleférico se había llenado de oficiales y reclutas que miraban la operación. «Sube tú», le dijo el capitán, y el joven entró con los trabajadores del puerto en la cabina. Esta se balanceaba encima de la cesta del dromedario y el oficial vigilaba desde abajo con el cuello torcido. Nadie se rio cuando el teleférico arrancó y el animal se meó desde las alturas y los militares esquivaron el orín. Ni tampoco cuando creían que estaba atado y bien atado y se intentó levantar (seguía buscando la manada) y la cabina se movió hasta que se paró entre la montaña y el mar. La cesta se balanceaba con el viento del Atlántico. Colgados por un cable negro que unía la montaña con el medio puerto y medio muelle que se había hecho a un kilómetro de la costa mar adentro. El recluta miró a través del cristal, «por última vez», pensó. Solo le quedaba un mes para licenciarse.

En el dique, les esperaba un barco. La grúa elevó de nuevo por los aires al dromedario para meterlo en una jaula. Era demasiado pequeña, pero era solo para él. Largaron amarras y el recluta reprodujo en el aire con la mano el movimiento que trazó la cuerda. Alguien pensó que decía adiós al animal desde el dique. Al norte quedaba la playa de Sidi Ifni. Quizá ahora que había pasado todo le dieran un permiso. Unos reclutas bebían mirando hacia el mar. Creyeron entrever en el horizonte y entre la niebla un buque con un dromedario que se adentraba en el océano. «Quién pudiera», dijeron. Empezaba la marejada.

Tras la vuelta en dromedario, algunas cosas cambian. Gustavo afirma que la experiencia le sirve para madurar y prepararse para el extranjero, donde transcurre una gran parte de su vida y desarrolla su labor como pintor. Miguel es más escueto. Describe la aventura como un sueño. El sueño evoca la memoria, el olvido y el recuerdo, pero también lo ingobernable e involuntario: aquello que no se puede controlar. Lo vincula al tiempo en que vive, una época a la que no ha tenido más opción que adaptarse. Ingobernable e involuntaria. Un sueño «ligado a una época que me ha tocado vivir».

El libro alude también a la turistificación del momento. Se encuentra en plena expansión, «es una plétora de vida», y ha obligado a que la extensión de la capital se multiplique por tres. «No preguntemos por su número de habitantes —escribe Miguel— aunque quisiera no podría decir cuántos son». El pueblo de Santa María, a pocos kilómetros de la capital de Mallorca, es preso del turismo. Este arrasa con todo, pero también hace progresar vertiginosamente los núcleos. Sin embargo, la capital no ha perdido su esencia: «su corazón no ha dejado de latir».

Las vacaciones se desarrollan en el mediterráneo porque es un espacio asociado a Oriente. El lugar donde —se cree— puede encontrarse la paz y satisfacer placeres sexuales y sensuales. También por la posibilidad de penetración y por la vida sencilla y primigenia que representa.

El dromedario es la metáfora.

Él lleva consigo a Oriente. Lo transporta a lo largo de cuatrocientos kilómetros. Con su cabeza alta, con su estirpe árabe, con su embrujo. También representa el turismo. Con sus contrastes y oposiciones, con los estereotipos que difunde y proyecta, pero también «con la forma que obliga a madurar», como dice Gustavo, y que prepara para el extranjero. La turistificación es «un sueño ligado a una época que me ha tocado vivir». O como afirman en la prensa a la vuelta a casa: «un peregrinaje, sabedores de la importancia que el mismo supone de cara al turismo».

Hay que crear una imagen determinada para atraer más turistas y generar unos deseos que puedan ser satisfechos, pero también advertir de la amenaza que suponen. En este caso no es la que Gustavo y Miguel conocen de primera mano gracias a la vuelta en dromedario, sino de la que debe dar cuenta una guía de viaje en el contexto del franquismo. Una imagen más oficialista, más centralista y fuera de los márgenes que representa la experiencia con el dromedario: orientalista, animalista y especificista. Por ello, es necesario advertir de las *amenazas* externas. No son nuevas. Las fiestas, las formas de vestir, las actitudes y comportamientos que vienen del extranjero y que hay que denunciar, pero que también son rechazadas si las hacen los propios paisanos. Como escribe Bonet:

> Europa es un romántico frenesí de miserabilismo visual, pinta sobre arpillera, se viste de saco, cambia el lenguaje por el argot y habilita esos molinos de viento que dan al CB para las fiestas nocturnas.

Una de las amenazas es el cosmopolitismo. La relación simbiótica con el exterior, y con lo cultural y lo socialmente diferente. Prácticamente la consecuencia que Gustavo reconoce como aprendizaje tras la marcha en dromedario. Bonet, sin embargo, advierte que un exceso de cosmopolitismo puede acabar con el turismo que se construye desde el régimen central y que se desea para el mediterráneo. Este turismo, al que llama «leyenda primitiva», no debe cambiar. Debe conservar una imagen inmutable, vinculada a un tiempo más estamental y religioso, «medieval», con objeto de controlarse.

El dromedario viene con el nombre dado. Lo cuentan al principio del libro, cuando van a buscarlo al huerto de Campet para iniciar la marcha. «Bautizado», escriben que está. Lleva el nombre de Mohamed. En el documental su nombre tarda más en aparecer. Cuando se pregunta, Miguel responde, pero su interlocutor (posiblemente Bestard, el director, que le pregunta fuera de cámara) guarda un silencio incómodo. Mientras tanto, la imagen está fija en el rostro de Miguel y muestra la inquietud que el silencio de Bestard le provoca.

Mohamed, el dromedario.

El nombre también del profeta del Islam y el máximo responsable de la religión musulmana. Al darle el nombre a un animal, se denigra doblemente. Por un lado, porque la percepción del islam se suele relacionar con imágenes negativas; por otro, porque es el mayor representante de dicha fe. El insulto se magnifica. Se utiliza porque se busca la máxima expresividad y, con ella, la efectividad. La sorpresa, el asombro, la risa, el exotismo, la orientalización, la relación asimétrica y desigual. No se usa Mahoma (un exantropónimo o antropónimo sustitutivo), sino Mohamed, un préstamo léxico del árabe. Este se conoce porque han sido comunidades en zonas de contacto colonial, donde individuos separados por historia y espacio establecen relaciones de poder dominadas por la desigualdad. En el caso del nombre del dromedario, la zona de contacto remite a las guerras coloniales, donde el término «mohamé» es usado como insulto. Así, un nombre que en principio no tendría que tener una connotación negativa, Mohamed, se termina cargando con ella en un determinado contexto.

El libro describe además al dromedario como «majestuoso» y sitúa la palabra junto a adjetivos como «perezoso y sucio». La imagen negativa se intensifica debido al contraste entre términos tan opuestos y la hace más efectiva. De nuevo, el animal es personificado y al ponerle el nombre de Mohamed, *hiperpersonificado*.

Gustavo y Miguel afirman antes de salir que les falta emoción en sus vidas y solo se «reconocen» cuando son emocionados y «agitados por todo lo que nos rodea». La experiencia con el dromedario activa ese «torbellino absurdo». La relación con Oriente y el turismo provoca la revolución interior, que conduce al descubrimiento y a la iluminación de «nosotros mismos», marcado también, como reconocen, por el sufrimiento que sienten ante la escritura y la marcha con el dromedario. Sin embargo, para que la transformación sea posible, es necesario ejercer, siguen, «la tolerancia». La capacidad que se activa cuando no hay otra alternativa, cuando se acepta un mal menor para evitar un mal mayor. Oriente y el dromedario son percibidos como inferiores y subalternos, lo que exige un esfuerzo para tolerarlos.

A pesar de ello, Gustavo y Miguel no quieren «volver atrás». La experiencia con Oriente y con el animal los hace madurar y los prepara para el extranjero. Tanto el dromedario, como el turismo *abren, ensanchan* y *amplían* las miradas de Gustavo, Miguel y los isleños.

Durante la marcha, un periodista pregunta a los tres protagonistas cuáles son sus proyectos futuros. Gustavo y Miguel contestan y el responsable de la entrevista habla por Mohamed. El periodista dice que el animal quiere: «Descansar de las durezas del asfalto y rumiar plácidamente las aventuras vividas por tierras mallorquinas».

Hablar por el otro, dar voz a, quitar la palabra: hablar por un animal.

La metáfora animal se asocia a una estructura jerárquica y vertical, donde los animales ocupan un lugar inferior respecto al hombre y a la mujer. Representa la posibilidad de aplicar una estética de dominio, en la que la explotación y el maltrato parecen permitidos. El ser humano doma al inferior, lo amansa y lo *domestica*. ¿Para cuándo una genealogía de este último verbo? En un contexto semejante, el intervencionismo queda justificado: es necesario *salvarlo, apropiarse* y *hablar por él*. Rescatarlo, hacerlo propio y hablar en nombre del dromedario.

«Mallorca vista desde lejos tiene un aire de leyenda, de imposible», se afirma en el libro, en un intento

112

de defensa de la ficción. Esta leyenda parece perpetuarse gracias a elementos más cercanos y reconocibles, fáciles de reproducir, pero que al mismo tiempo difunden referencias orientalistas y colonialistas. Estas referencias iniciadas hace más de cinco siglos por la filosofía política, que antes remitían al esencialismo y ahora sobreviven en la ficción.

La configuración del archivo del imaginario moderno.

Oriente se inventa. Ese miedo a lo extraño, ese temor a lo desconocido. Ya está construido y solo queda reproducirlo cada vez a mayor velocidad. Como las imágenes seriadas de las postales. Como las 30 311 copias de un dromedario paseando por la playa con turistas encima vendidas entre 1968 y 1971. Imágenes que se transforman en territorios del deseo gracias a su carga *u-tópica*. La turistificación, el extractivismo y el orientalismo son formas de vida que generan relaciones asimétricas y de dominación. Trabajar a partir de ello, un espacio cuyas inmensas grietas han quedado al descubierto, permite imaginar otros futuros posibles y prometedores.

Agradecimientos

Este pequeño libro parte de una invitación de Casa Planas para visitar su archivo. Mi agradecimiento a Marina Planas, que me hizo llegar el documental de Toni Bestard y participó en la exposición colectiva *Archipel Ouest: Îles du Future* (FRAC Córcega, 2020) con la pieza «La fiction prémonitoire du dromadaire Mohamed». También a Alelí Mirelman, amiga desde hace años, siempre atenta a mis curiosidades. A las geografías y territorios que generan otros discursos, sean los que sean. A los dromedarios que van y vuelven, como les dejan. A los del zoológico de Madrid, que ojalá vuelvan pronto y puedan correr. A Shimsi, dromedario del Cairo. A Quico, que hace que todo sea posible.

Índice

NMK*

* Una serie que acoge textos breves sobre asuntos variopintos con un juego como caprichoso hilo conductor: con cada título los autores aludirán a un número libre de argumentos (tres, veinte o cinco mil) alrededor del tema que elijan.

Esta primera edición de
Treinta mil dromedarios,
quincuagésimo sexto título de H&O Editorial,
consta de 1.500 ejemplares y se entregó
a imprenta en Sant Esteve Sesrovires
el 16 de enero de 2026.

«Nada es más significativo
que el viaje en sí.»

Viaje a Italia
J.W. GOETHE